Ludwig Waldmüller

Hopfen und Himmel
Faszination Klosterbier

Geschichten, Anekdoten, Wissenswertes

Monachorum grex devotus,
Omnis ordo, mundus totus,
Bibunt ad aequales potus
Et nunc et in saeculum.

Carmina Clericorum, Studenten-Lieder
des Mittelalters. Heilbronn, 1876, S. 14

Die fromme Schar von Mönchen,
Jeder Orden, die ganze Welt,
Trinken dieselben Getränke
Jetzt und in alle Ewigkeit.“

Übersetzt von Ludwig Waldmüller

Ludwig Waldmüller

Hopfen & Himmel

FASZINATION KLOSTERBIER

Geschichten, Anekdoten, Wissenswertes

benno

Bibliografische Information der Deutschen Nationalbibliothek
Die Deutsche Nationalbibliothek verzeichnet diese Publikation in der Deutschen Nationalbibliografie; detaillierte bibliografische Daten sind im Internet über http://dnb.d-nb.de abrufbar.

Besuchen Sie uns im Internet:
www.st-benno.de

ISBN 978-3-7462-6856-9

Cover: © stock.adobe.com/volff
Umschlaggestaltung: Kathrin Spiegelberg, Weil im Schönbuch
Gesamtherstellung und Layout: Arnold & Domnick, Leipzig (A)

INHALT

VORWORT: DAS KREUZHERRENBIER ODER: WIE ALLES BEGANN

Liebe Leserin, lieber Leser,

„Kreuzherrenbier“, so hieß ein Projekt von mir, das ich vor einigen Jahren ins Leben gerufen habe. So einfach der Satz klingt, so spannend ist doch all das, was dahinter liegt. Darf ich Ihnen ein bisschen davon erzählen? Nun, Sie lesen ja schon weiter, also kann ich voraussetzen, dass Sie mir die Erlaubnis dazu erteilen.

Es war die Coronazeit, Sie erinnern sich sicherlich noch daran, und in meiner Pfarreiengemeinschaft, die ich damals leitete, lief vieles anders als vorher gewohnt. Wir durften ja zeitweise gar keine Gottesdienste mehr halten, die Kar- und Osterfeiertage waren unter Ausschluss der Öffentlichkeit gefeiert worden, und das Leben in der Stadt war so gut wie zum Erliegen gekommen. Da bekam ich eines Tages mit, dass eine kleine Brauerei, die in einem Dorf in der Nähe existierte, ein besonderes Angebot machte: Das Bier, das sonst nur in ein paar wenigen Getränkemärkten und vor allem in der eigenen Gastwirtschaft zu bekommen war, sollte direkt ans Haus geliefert werden, weil der junge Braumeister, der da seine eigene kleine Brauerei gegründet hatte, seine Produkte an den Mann oder die Frau bringen wollte. Und so kam es, dass er eines Tages mit zwei hölzernen Bierkisten und zwei Biergläsern bei mir vor der Haustür stand. Da begann es … Ich sprach ihn direkt an: Seine

Brauerei befand sich im so genannten Schloss in Holzgünz, das die ehemalige Sommerresidenz der „Kreuzherren" aus Memmingen gewesen war. Diese wiederum waren jene Ordensleute des Hospitalordens vom Heiligen Geist, die bis 1803 in der seit der Reformation vorwiegend evangelisch gewordenen Reichsstadt Memmingen die katholische Seelsorge versahen. Diese waren für mich als Pfarrer von Memmingen quasi meine direkten Vorgänger gewesen – und sie hatten in ihrem Kloster in der Stadt auch eigenes Bier gebraut, an einer Wand des ehemaligen Klosters in der Stadt war sogar ein Gemälde eines Kreuzherrn als Brauer zu sehen. Tja, und da schlug ich nun dem jungen Brauer, der vor mir stand, vor: Wir könnten doch, gerade jetzt in der Coronazeit, aus dieser Kombination aus Pfarrei und Brauerei (dass sich das reimt, war mir gleich aufgefallen) ein Joint Venture machen, wie man das neudeutsch so nennt. Ein eigenes Bier, gebraut in den Räumen der ehemaligen Kreuzherren, mit dem Namen ebendieser, und von der Pfarrei vertrieben. Ob er denn daran Interesse hätte?

Was soll ich sagen? Das Interesse hatte er, und in wenigen Wochen hatten wir erst einen Probesud und schließlich das fertige Bier … Die ersten Flaschen konnte ich ganz öffentlichkeitswirksam bei einem Gottesdienst dem Bischof überreichen – mittlerweile durften wir ja wieder Gottesdienste mit den

Gemeinden feiern – und dann geschah etwas Unbeschreibliches: Das Interesse der Medien am Bier aus der Pfarrei mit der klösterlichen Tradition im Hintergrund war riesig.

Gefühlt überall wurde darüber berichtet, und die Nachfrage nach dem Gerstensaft aus der Pfarrei war groß. In dieser Zeit begann ich immer mehr, mich mit der Frage nach Bieren aus Klöstern zu beschäftigen. Woher kommt diese Tradition? Was macht das Bier aus? Wieso verbinden wir so viel, was Bier angeht, mit Mönchen? Es ist ja schon interessant: So viele Biersorten haben Namen, die mit Ordensgemeinschaften zu verbinden sind, ob sie nun Franziskaner oder Augustiner heißen, stammen

Das frühere Brauhaus des ehemaligen Klosters Himmelpfort (1299–1541) um 1858 bei Fürstenberg in Brandenburg, heute ein Veranstaltungszentrum.

tatsächlich aus klösterlichen Zusammenhängen oder haben sich aus Marketinggründen den Anschein gegeben, einen klösterlichen Hintergrund zu haben. Bier und Kloster, das passt gefühlt sehr gut zusammen, was natürlich historische Gründe hat, aber es ist wahrscheinlich für viele auch ein Qualitätskriterium, dass im Umkreis der Brauerei etwas Klösterliches zu finden ist … Das Phänomen Klosterbier, die Faszination der Menschen um dieses Thema und die vielen Halbwahrheiten, die darum erzählt werden, haben mich bewegt, dieses Buch zu schreiben. Es soll vor allem eine Annäherung an dieses Thema sein, nicht das Werk eines Braumeisters, nicht das eines Biersommeliers, sondern das eines Theologen, der sich eben mit Bier in Klöstern beschäftigt. Achso, und übrigens eines Theologen, der ja auch noch als Schauspieler arbeitet, und da gerade für eine Biermarke einen Werbespot gedreht hat. So kommt wohl zusammen, was zusammengehört.

Und deshalb ist das Motto des Buches vielleicht am allerehesten: „Prosit!" – zu Deutsch: „Es möge nützen!"

In diesem Sinne
eine angenehme
Lektüre

wünscht

Pfr. Ludwig Waldmüller

DIE GESCHICHTE DER KLOSTERBIERE

Die Brauerei des ehemaligen Klosters Weihenstephan in Bayern nimmt für sich in Anspruch, die älteste Brauerei der Welt zu sein. Daher kann man mit Fug und Recht sagen, dass Klostertradition und Bierbrauen sehr eng miteinander verwoben sind. Dass das Brauen aber eine Erfindung von Mönchen gewesen sei, lässt sich natürlich als Behauptung nicht halten:

Die **ersten Bierbrauer der Menschheitsgeschichte** waren sehr wahrscheinlich die Sumerer im alten Mesopotamien – also im Gebiet des heutigen Irak – vor etwa 6.000 Jahren. Schon um 3.000 v. Chr. finden sich Hinweise auf Bier in Keilschrifttexten und bildlichen Darstellungen.

Das älteste bekannte Rezept ist im Hymnus an Ninkasi enthalten – einer Göttin des Bieres. Dort wird die Verbindung des Bierbrauens und des Brotbackens deutlich, das Bier, um das es ging, war ein vergorener Brottrunk – eher trüb und nahrhaft, ohne Hopfen. In dem Hymnus heißt es, sinngemäß übersetzt:

„Ninkasi, du bist es, die das Wasser und das Malz mischt,
du bist es, die mit süßem Brot den Sud bereitet.
Du gießt das Bier durch ein Sieb aus Schilfrohr,
du füllst die tönernen Krüge mit sprudelnder Freude."

Aus dem „Hymnus an Ninkasi"

Auch die alten Ägypter tranken Bier – oft als Grundnahrungsmittel; in China deuten archäologische Funde auf fermentierte Getreidegetränke schon ca. 5.000 v. Chr. hin. Und auch die Germanen und Kelten brauten früh in Mitteleuropa Bier, oft für den Geschmack mit

Detail einer Stele, die einen Bier trinkenden syrischen Söldner zeigt.
Ägyptisches Neues Reich, ca. 1300 v. Chr., Neues Museum, Berlin.

Kräutern statt Hopfen versetzt. Die Erfindung des Bieres ist höchstwahrscheinlich an mehreren Orten gleichzeitig und unabhängig voneinander entstanden, überall dort, wo man Getreide fermentieren konnte. Man darf sich aber wahrscheinlich dieses Bier nicht so vorstellen, wie jenes, das wir heute kennen. Die Beschreibung als Brottrunk, wie oben erwähnt, ist wahrscheinlich die beste. Es handelte sich um eine Art Getreidesuppe, die vor allem nahrhaft sein sollte, um flüssiges Brot. Man hat damals Brote gebacken, so genannte Bierbrote, die dann mit Wasser übergossen wurden. Daraus entstand also eine Maische, und diese wurde zum Kochen und damit zum Gären gebracht. Nach dem abgeschlossenen Gärprozess wurde das Bier in Vorratsgefäße gefüllt, und zwar gesiebt, wie es auch aus dem oben zitierten Hymnus zu ersehen ist. Aus Ägypten weiß man, dass dort die Gärung nicht mit erhitztem Wasser erreicht wurde, der Maische gab man aber teilweise auch angegärtes Dattelmus bei, was das Getränk süßer gemacht haben dürfte. Das Bier der Antike war im Vergleich zum heutigen wahrscheinlich deutlich trüber und süßer und außerdem nicht lange haltbar.

Auch die **Bibel** kennt Bier; an mehreren Stellen wird der Gerstensaft erwähnt, wenn denn das Getränk, das dort mit šekhar bezeichnet wird, tatsächlich Bier meint. Man übersetzt das Wort auch oft mit „Rauschgetränk“ oder anderen beschreibenden Worten. Allerdings hat sich doch auch eingebürgert, vom Bier zu sprechen. So zählt man heute oft 16 Stellen im Alten Testament (im Neuen Testament kommt Bier nicht vor), an denen davon die Rede ist. Im Buch Deuteronomium heißt es beispielsweise zum Thema des „Zehnten“:

„Wenn aber der Weg dorthin deine Kräfte übersteigt, weil die Stätte, die der HERR erwählen wird, indem er dort seinen Namen anbringt, so weit entfernt liegt und der HERR, dein Gott, dich so gesegnet hat, dass du den Zehnten nicht dorthin tragen kannst, dann sollst du alles für Silber verkaufen, das Silber als deinen Besitz zusammenbinden, zu der Stätte ziehen, die der HERR, dein Gott, erwählen wird, dort für das Silber alles kaufen, worauf du Appetit hast – Rinder, Schafe, Ziegen, Wein und Bier, alles, wonach es deinen Gaumen verlangt –, und dann sollst du vor dem HERRN, deinem Gott, Mahl halten und fröhlich sein, du und deine Familie“ (Gen 14,24-26).

Bier gehört hier also tatsächlich zu den Genussmitteln. Es dürfte aber im Alltag der Menschen in Israel keine große Rolle gespielt haben.

Im Buch Jesaja klagt der Prophet über untreue Priester und Propheten:

„Sogar diese schwanken vom Wein und taumeln vom Bier: Priester und Propheten schwanken vom Bier, sind benommen vom Wein. Sie taumeln vom Bier, sie schwanken bei ihren Visionen, sie torkeln beim Entscheid“ (Jes 28, 7).

Und im ersten Buch Samuel antwortet Samuels Mutter Hanna, die vom Priester Eli wegen ihres stummen Gebets für betrunken gehalten wird:

„Nein, Herr! Ich bin eine unglückliche Frau. Ich habe weder Wein getrunken noch Bier; ich habe nur dem HERRN mein Herz ausgeschüttet“ (1Sam 1, 15).

Aber nun zurück zu den **Klöstern**. Wie sieht denn da nun die Geschichte des Brauwesens aus? Wann genau in den ersten Klöstern, die in Europa entstanden, zum ersten Mal Bier gebraut wurde, lässt sich natürlich nicht mit Sicherheit sagen. Man kann allerdings davon ausgehen, dass die klösterlichen Zentren, die ja Kultur, Landwirtschaft und Gastfreundschaft miteinander verbanden, auch Orte des Brauens waren. Die Brauerei des ehemaligen Klosters Weihenstephan erwähnt beispielsweise, dass im Jahr 768 zum ersten Mal

Hopfen im Zusammenhang mit dem Kloster erwähnt wurde; es geht in der entsprechenden Urkunde um einen Hopfenbauern, der dem Kloster gegenüber zehntpflichtig war, und das lässt sehr leicht darauf schließen, dass man diesen Hopfen im Kloster dann auch zum Bierbrauen verwendete. Überhaupt sind alle Erwähnungen von mit dem Bierbrauen verbundenen Dingen wie etwa Hopfen oder Malz in kirchlichen Dokumenten zu finden. In der Regula Coenobialis, einer Mönchsregel des heiligen Columban aus dem 6./7. Jahrhundert, finden sich teils drakonische Strafen bei Vergehen von Mönchen. So auch eine beim Verschütten von Flüssigkeiten. Da heißt es, der schuldige Mönch müsse in der Kirche regungslos liegen, während die anderen zwölf Psalmen sängen. Und dann:

„Wenn er nun viel verschüttet hat, soll er die Menge an Bier oder was auch immer er durch Nachlässigkeit verloren hat, berechnen, die ihm für die gleiche Anzahl von Tagen zugestanden hätte. Er soll so verstehen, was er verloren hat, indem er Wasser statt Bier trinken muss.“ Hier ist also bereits klar festzustellen, dass Bier ein übliches Getränk im Kloster ist.

Ein berühmtes Dokument aus der Geschichte der Klöster gibt ebenfalls einen besonderen Einblick in die Braugeschichte: Der Klosterplan von Sankt Gallen. Diese älteste überlieferte Architekturzeichnung Mitteleuropas wurde vor 830 auf der Insel Reichenau im Bodensee gezeichnet. Dort ist auch das Brauwesen verewigt; direkt neben dem Gästehaus gibt es ein Dienstgebäude mit einer Küche, einer Anrichte, einer Backstube mit dazugehörigem Backofen, einem Raum für die Teigbereitung und einer Brauerei: „domus conficiendae celiae" – einem Haus zur Herstellung des Weizenbiers – sowie einem Kühlraum: „hic refrigeratur ceruisia" – hier soll das Bier gekühlt werden. Außerdem gibt es eine Brauerei neben der Unterkunft für Pilger und einfachere Gäste, die als „bracitorium" bezeichnet wird. Und schließlich gibt es bei den Werkstätten wiederum eine Brauerei – nämlich in dem Gebäude, von dem es heißt, dass hier die Verpflegung der Brüder gewährleistet werden solle. Wie beim Gäste- und beim Pilgerhaus befindet sich auch hier eine Brauerei: „hic fratribus conficiatur ceruisia" – „hier soll das Bier für die Brüder hergestellt werden", und von diesem Bier heißt es, dass es dahinter sorgfältig aufgehoben werden solle: „hic coletur celia". Was auf dem Klosterplan von Sankt Gallen nur theoretisch geplant ist, war aber wahrscheinlich durchaus Realität. Es lässt sich wohl davon ausgehen, dass in den drei unterschiedlichen Brauereien auch verschiedene Arten von Bieren gebraut werden sollten, je nachdem für wen es hergestellt wurde. So sagt man immer wieder, dass in Klöstern dreierlei Bier gebraut wurde, nämlich ein Dünnbier für Pilger, Bettler und Knechte; Handwerker und Mitglieder des Konvents erhielten eine kräftigere Variante, und Äbte, andere geistliche Funktionsträger und weltliche Würdenträger durften sich, so nimmt man an, ein süffigeres Bier schmecken lassen. Allerdings kann man diese Beschreibungen natürlich nur mit Vorsicht verwenden; wie sollte man das heute genau überprüfen können?

Wie viel Bier durfte denn wohl von einem Mönch im Kloster getrunken werden? Die Synode von Aachen im Jahr 816 und 817 veröffentlichte genaue Regeln dafür und übernahm eine Vorschrift des Chrodegang von Metz aus dessen Regel für Kanoniker. Dort nämlich war, wenn die in der Benediktsregel vorgesehene Tagesration einer „hemina vini", also einem guten viertel Liter Wein, nicht gereicht werden konnte, vorgesehen, die doppelte Menge an Bier zu geben, also einen guten halben Liter. Auch Adalhard von Corbie, der 826 verstarb, sieht vor, den Mönchen seines Klosters Corvey Bier zu geben, wenn nicht genügend Wein vorhanden ist. Übrigens sind seine Statuten auch das erste Dokument überhaupt, das darauf hinweist, dass Hopfen zum Bierbrauen verwendet wurde; er regelt dort, wie

Hopfen ins Kloster gelangt und dass der zuständige Ordensmann im Fall, dass der Hopfen fürs Bierbrauen nicht ausreicht, sich anderweitig etwas davon besorgen soll.

Für das Jahr 1040 nun lässt sich nachweisen, dass im Kloster Weihenstephan, also in Freising, die Brauerei bestand. Eine Urkunde, deren Echtheit allerdings nicht ganz zweifelsfrei bewiesen ist, beschreibt, dass der Benediktinerabt Arnold von der Stadt Freising das Recht erhalten habe, Bier zu brauen und dieses auch auszuschenken. Für zehn Jahre später ist im ebenfalls bayerischen Kloster Weltenburg anhand von Urkunden nachweisbar, dass dort eine Brauerei bestand, also im Jahr 1050; deshalb nennt sich die Weltenburger Brauerei die älteste Klosterbrauerei der Welt. Im Unterschied zum Kloster Weihenstephan, das seit der Säkularisation 1803 nicht mehr als Mönchsgemeinschaft funktioniert und dessen Brauerei seit 1803 dem bayerischen Staat gehört, ist die Brauerei in Weltenburg an die nach der Säkularisation wieder errichtete Abtei angeschlossen und daher weiterhin eine klösterliche Brauerei.

In die Zeit dieser ersten belegbaren Klöster fällt auch eine andere zu erwähnende Äußerung rund ums Bier: Die berühmte Äbtissin **Hildegard von Bingen** beschreibt in ihrem Werk „Causae et Curae", also Ursprung und Behandlung, von Krankheiten die Wirkung des Bieres. Da heißt es:

Die Heilige Hildegard von Bingen, Frontispiz des
Liber Scivias aus dem Rupertsberger Codex um 1180

„VOM BIER. Das Bier aber macht das Fleisch des Menschen fett und gibt seinem Antlitz eine schöne Farbe durch die Kraft und den guten Saft des Getreides. Das Wasser aber schwächt den Menschen und erzeugt zuweilen, falls dieser krank ist, um die Lunge herum Schleim, weil das Wasser schwach ist und keine große Kraft besitzt. Wenn aber der Mensch gesund ist und dann hier und da einmal Wasser trinkt, so wird ihm das nicht schaden."

Dass aber übermäßiger Genuss von Bier (und Wein) alles andere als gut ist, weiß Hildegard aber genauso:

„VON DER TRUNKENHEIT. Wenn aber ein Mensch zu viel und ohne Maß Wein trinkt oder sonst ein Getränk, durch das er betrunken werden kann, so wird sein ganzes Blut verflüssigt und fließt in seinen Adern ohne Ordnung hierhin und dahin, so dass auch der gesamte Sinn und Verstand eines solchen Menschen in Unordnung gebracht werden, wie Flüsse infolge übermäßiger Regengüsse austreten und jählings Überschwemmung anrichten. Weil bei einem solchen Menschen die menschliche Einsicht durchaus verwirrt ist, treibt die gute Einsicht in ihm zum Guten hin, so dass der Mensch dann häufig, ohne es zu wissen, heilige Worte ohne Ordnung und ohne Unterschied ausspricht und, weil auch das Schlechte in seinem Gedanken zum Schlechten hinstrebt, er, ebenfalls unwissend, schandbare und schlechte Worte schamlos vorbringt, weil er davon mehr einen kranken und zügellosen Verstand hat wie das richtige Gefühl, weil die Überlegung dann in ihm erstickt und ertränkt ist."

In ihrer Naturkunde erwähnt Hildegard ein interessantes Detail des Bierbrauens:

„Wenn man Bier ohne **HOPFEN** brauen will, so koche man das Malz mit viel Eschenblättern, das so hergestellte Getränk reinigt den Magen und erleichtert und besänftigt die Brust."

Aber auch die Myrthe ist für Hildegard eine Pflanze, die beim Bierbrauen nützlich sein kann:

„Wer Bier **BRAUEN** will, koche die Blätter und Früchte mit, das Getränk wird umso gesünder sein."

Vom Hopfen selbst ist Hildegard nicht sonderlich begeistert:

> **„Der HOPFEN ist warm und trocken, er hat keinen besonderen Nutzen, weil er Melancholie bewirkt, den Sinn des Menschen traurig macht und die Eingeweide beschwert. Seine Bitterkeit hält aber, wenn er Getränken zugesetzt wird, die Fäulnis ab und befördert ihre Haltbarkeit."**

Diese Texte Hildegards unterstreichen, wie sehr Bier und das Brauwesen Teil des üblichen Speiseplans ihrer Zeit war – und geben damit gleichermaßen den Hinweis, dass Bier natürlich auch für die Klostergemeinschaften ein wichtiges Nahrungsmittel war und deshalb in den geistlichen Gemeinschaften Brauereien entstanden. Dabei wurde das Bier nicht nur für die Verpflegung der Gemeinschaft im Kloster wichtig, sondern auch für die Gäste und Pilger, die den Konvent besuchten. Einige Klöster entwickelten sich zu Wallfahrtsstätten bzw. entstanden an besonderen Pilgerorten, und genau dort war das Bier wichtig – zur Verpflegung derer, die nach langen strapaziösen Wegen an der Klosterpforte anklopften, aber auch als wirtschaftlicher Faktor, insofern man damit logischerweise auch Einnahmen generieren konnte, wenn man das Getränk ausschenkte oder weiterverkaufte. Allerdings wäre es falsch, ein rein wirtschaftliches Interesse hinter dem Bierbrauen zu vermuten; gerade Kühlung und Transport von Bieren waren über viele Jahrhunderte äußerst schwierig; sich also vorzustellen, dass Klosterbiere über weite Strecken weiterverkauft wurden, ist wenig realistisch. Außerdem zahlten Pilger und andere Gäste oft nicht, sie wurden eher aufgrund des Gebots der Gastfreundschaft mit verpflegt.

Ein gewichtiges Thema ist das des **Fastens**: Das viel zitierte Prinzip „liquida non frangeunt ieuneum“ – Flüssiges bricht das Fasten nicht – hat einen recht leicht zu verstehenden Hintergrund: In den Fastenzeiten (es gab damals im Kirchenjahr mehr Fasttage als nur die 40 Tage zwischen Aschermittwoch und Ostern) konnte es sein, dass eine Klostergemeinschaft keine feste Nahrung zu sich nahm, wohl aber flüssige. Da das Bier eher als eine, wie ich anfangs sagte, Getreidesuppe zu verstehen war und damit eine vollwertige Mahlzeit, braute man in der Zeit, in der man sonst nichts Festes zu sich nahm, Bier, das stärker war, was seinen Nährwert angeht. Tja, und so ist das berühmte Starkbier entstanden, das heute noch in vielen Gegenden die Fastenzeit zur Starkbierzeit und zur „Fünften Jahreszeit“ macht. Ob diese Fastenbiere tatsächlich auch stärker waren, was ihren Alkoholgehalt angeht, kann man natürlich nicht mit Sicherheit sagen. Dass Rezepte, Brauvorgänge und Lagerweisen hier äußerst unterschiedlich waren, ist ohne Frage anzunehmen.

Doch noch einmal zurück zu den **Pilgern** und Besuchern in Klöstern. Die wahrscheinlich bekannteste Klosterbrauerei, die auf dem Heiligen Berg in Andechs in Oberbayern, hat genau damit zu tun. In der Stiftungsurkunde des Klosters von 1458 hatte der bayerische Herzog Albrecht III. dem Kloster neben vielen anderen Zuwendungen die „Tafern zu Andechs" und das „Zapffenrecht und die Ungelt" zu Erling übertragen, also das Wirtshaus in Andechs, den heutigen Klostergasthof, und das Recht, in Erling Bier zu zapfen und die Getränkesteuer einzubehalten, die normalerweise an den Landesherrn abgeführt werden musste. Das Zapfen, also der Aus-

Impressionen aus dem Kloster Andechs.

schank von Bier, setzt jedoch das Brauen voraus. Eine Urkunde von Albrechts Vater Ernst von 1438 im Zusammenhang mit dem damaligen Kollegiatstift auf dem Heiligen Berg weist ebenfalls darauf hin. Sie schreibt nämlich bereits die Ungeldfreiheit für die Andechser Tafernwirtschaft fest.

Übrigens gab es über die Jahrhunderte auch immer wieder gesetzliche Regelungen, was das Bierbrauen angeht – das so genannte Bayerische Reinheitsgebot von 1516 ist nur eine aus einer langen Reihe solcher Vorschriften, wohl aber das mit der größten Reichweite. Unterschiedliche Städte und andere Gebietskörperschaften hatten für ihren jeweiligen Bereich Vorschriften erlassen, wie das Bierbrauen durchzuführen war, was verwendet werden durfte (so war beispielsweise in Nürnberg das Verwenden von Gerste zum Brauen festgeschrieben worden, weil man die anderen Getreidesorten zum Brotbacken brauchte), oder wie mit Brauern und Wirten umzugehen sei, die Bier panschten oder die Krüge nicht richtig füllten. Inwieweit diese Regelungen wiederum klösterliche Brauereien in ihren je eigenen Konventen angingen und ob sie dort zu beachten waren, lässt sich nicht generell beantworten. Allerdings ist davon auszugehen, dass Klöster in Städten natürlich die Vorschriften der jeweiligen Stadtregierung auch umzusetzen hatten.

Im Hochmittelalter existierten in Deutschland fast 500 Klosterbrauereien, von denen viele florierende Wirtschaftsbetriebe waren, da nicht nur die Versorgung von Gästen und Pilgern ein Thema war, sondern in den Städten natürlich mehr und mehr auch die Bewirtung der Bevölkerung und damit der Verkauf von Bier zum Thema wurde. Die Zahl der Klosterbrauereien ist nicht bis ins Letzte verifizierbar; es fehlen genaue Aufstellungen, und es ist auch schwierig festzulegen, ab wann man von einer Klosterbrauerei zu sprechen hat. Wenn denn etwa ein Bruder in einem Konvent Bier für den Bedarf seiner kleinen Gemeinschaft herstellte und davon nichts nach außen gelangte, ist das schon als Klosterbrauerei zu definieren oder nicht?

Die zunehmende Beliebtheit des Klosterbiers führte zu **Spannungen mit weltlichen Brauereien** und Gaststätten, die die klösterlichen Brauereien als Konkurrenz empfanden. Klöster verfügten oft über Braurechte durch königliche oder bischöfliche Privilegien, Steuerfreiheit oder Sonderrechte und eine eigene Landwirtschaft zur Rohstoffversorgung. Dies machte sie zu mächtigen Mitbewerbern für weltliche Brauereien. In Städten führte das immer wieder zu Beschwerden durch weltliche Brauer und deren Zünfte bis hin zu gerichtlichen Auseinandersetzungen beispielsweise über Ausschankrechte. Ein Beispiel dafür ist eine Verordnung des Herzogs Ernst Ludwig von Hessen-Darmstadt aus dem Jahr 1725:

„Uns ist mehrmals missfällig vorgekommen, dass einige Geistliche in unseren Landen mit Wein und Bier Handel treiben und solche in- und außerhalb ihrer Häuser ausschenken und verkaufen, mithin in der Bürger und Bauern Gewerbe die Hände mischen, auch sogar die Tranksteuer unterschlagen. Weilen wir nun dgl. dem officio eines Geistlichen ganz unanständiges Beginnen nicht dulden können, also befehlen wir hiermit gnädigst, dass allen Geistlichen in unseren Landen der Bier- und Weinausschank oder Handel bey Strafe verboten seyn soll.“

Neben den klösterlichen Brauereibetrieben gab – und gibt! – es übrigens auch andere kirchliche Brauereien, zum Beispiel war das 1533 gegründete Bamberger Klosterbräu ursprünglich das Fürstbischöfliche Braunbierhaus, das nach der Säkularisierung privatisiert wurde. Die Brauerei Hackelberg in Passau befindet sich im Besitz des dortigen Bistums, die Diözese kaufte die Brauerei knapp hundert Jahre nach ihrer Säkularisierung wieder zurück.

Apropos Säkularisierung: Dieser Einschnitt war für viele Klosterbrauereien das Ende. Der entscheidende Moment war der Reichsdeputationshauptschluss von 1803, ein Beschluss des Heiligen Römischen Reiches Deutscher Nation: Fast alle geistlichen Fürstentümer und Klöster wurden aufgehoben und verloren ihre Ländereien und Einnahmen. Der Besitz wurde an weltliche Fürsten vergeben – als Entschädigung für Gebietsverluste an Napoleon. Dazu gehörten natürlich auch die Brauereien von Klöstern. Viele der Brauereien, die heutige Namen von klösterlichen Gemeinschaften tragen, haben diese in jener Zeit übernommen. Außerdem gibt es einige Klostergemeinschaften, die ihre Biere in Kooperation mit weltlichen Brauereien produzieren lassen oder die Namensrechte weiterverkauft haben. In Bayern existieren drei Brauereien, die in direkter Eigentümerschaft von klösterlichen Gemeinschaften stehen, das sind die Klosterbrauerei Andechs, die Brauerei des Franziskanerklosters auf dem Kreuzberg in Franken, und das ist die Brauerei des Klosters Mallersdorf, die wiederum übrigens die einzige Brauerei in Deutschland ist, in der noch eine Ordensangehörige selbst am Sudkessel steht, nämlich Schwester M. Doris Engelhard.

Eine Besonderheit im großen Feld der Klosterbiere ist übrigens das Trappistenbier. Dieses ist ein von oder unter Aufsicht von Trappistenmönchen gebrautes Bier. Das Bier muss in einem Trappistenkloster oder in dessen unmittelbarer Umgebung hergestellt werden. Der Erlös ist ohne eigenständiges Gewinnstreben den materiellen, geistigen und geistlichen Bedürfnissen der Mönche, dem Erhalt der Gebäude und deren Einrichtung und der Umgebung des Klosters zuzuführen. Eventuelle Überschüsse aus der Betriebsführung kommen wohltätigen oder sozialen Zwecken zu Gute oder decken den Bedarf anderer Trappistenklöster.

Schwester Doris Engelhard genießt gern auch ihr eigenes Bier

PATRONE DER BIERBRAUER

Wenn doch Bier so eine große klösterliche und kirchliche Tradition hat, dann muss doch eigentlich auch ein Patron für die Bierbrauer existieren, oder? Schließlich gibt es doch in der katholischen Tradition so ziemlich für alles einen Heiligen oder eine Heilige, deren besonderer Fürsprache ein Berufsstand, ein Leiden oder eine bestimmte Sache anvertraut sind. Ja. Natürlich gibt es auch Patrone der Bierbrauer. Wie so oft sind auch hier die Traditionen unterschiedlich und kaum alle zu fassen. Am bekanntesten sind aber folgende Patrone der Bierbrauer:

Florian (4. Mai)

Der heilige Florian von Lorch, gestorben wohl am 4. Mai 304, war Leiter der römischen Zivilverwaltung in Lauriacum, also im heu-

Der Heilige Florian beim Löschen eines Brandes.

tigen Oberösterreich. Seine Legende, verschriftlich in der Passio Floriani, erzählt davon, wie Florian eigentlich im Zuge der Christenverfolgung unter Kaiser Diokletian verbrannt werden sollte, er aber sagte, dass er auf den Flammen in den Himmel hinaufsteigen wolle. Deshalb hätten sich die Soldaten entschlossen, ihn lieber in die Enns zu stürzen, um ihn zu töten. Dargestellt wird Florian deshalb mit einem Wasserfass oder -Eimer, aus dem er einen Feuerbrand löscht. Nun hat ihn diese Darstellung nicht nur zum Patron der Feuerwehrleute gemacht, sondern eben auch zum Patron der Bierbrauer, weil man das Fass, aus dem die Flüssigkeit kommt, auch mit einem Bierfass assoziieren kann.

Arnulf von Metz (18. Juli)

Arnulf, gestorben am 18. Juli 640, war Bischof von Metz und wird als einer der Stammväter der Karolinger bezeichnet. Er war erst in der Verwaltung am Königshof tätig, wurde Priester, nachdem seine Frau in ein Kloster eingetreten war, und schließlich auch Bischof von Metz, verließ den Bischofssitz aber und zog sich als Einsiedler in die Nähe des Klosters Remiremont zurück.

Der Überlieferung zufolge litt in der Zeit Arnulfs als Bischof die Region Metz unter den Folgen verschmutzten Wassers. Arnulf erkannte, dass abgekochtes Wasser, wie es beim Brauvorgang verwendet wird, das damit verbundene

Gesundheitsrisiko verringerte. So erzählt die Legende, er habe ein Kruzifix in einen Bierkessel gewor-

St. Arnulf – ebenfalls ein Patron der Bierbrauer

fen und denselben gesegnet. Die Menschen tranken Bier nur noch aus diesem gesegneten Kessel und die Krankheitswelle ging zurück. Der Ausspruch beim Verteilen des so gesegneten Bieres soll gewesen sein: „Durch des Menschen Arbeit und die Liebe Gottes erblickt Bier das Angesicht der Welt."

Hier ist es also eine traditionelle Legende, die Arnulf zum Patron der Bierbrauer machte. Klostergründungen konnten aber auch zum Patronat fürs Bierbrauen führen:

Amandus von Maastricht (6. Februar)

Amandus, gestorben 679, ursprünglich Mönch und Einsiedler,

wurde Missionsbischof von Maastricht. Als solcher gründete er zahlreiche Kirchen und Klöster – in

Kupferstich, der den Sieg des Klostergründers über einen Drachen zeigt.

Flandern, den Niederlanden und Nordfrankreich, genau in den Regionen, wo die Klosterbraukunst später aufblühte. So kam er zum Patronat für die Braukunst, und man kann immer wieder lesen, er habe die Menschen nicht nur das Evangelium gelehrt, sondern auch das Bierbrauen …

Columban der Jüngere (23. November)

Columban, gestorben am 23. November 615, war Missionar, nicht zuletzt in der Schweiz zusammen mit Gallus. Dieser Heilige ist nun nicht zum Patron der Bierbrauer geworden, hat aber auch etwas mit dem Bier zu tun. Nicht nur, dass in seinen Regeln etwas vom Bier

Der Hl. Columban im Fenster der Krypta der italienischen Abtei Bobbio

im Kloster zu lesen ist, wie oben schon erwähnt wurde, nein, es gibt sogar folgende Legende aus dem 19. Jahrhundert: „Während er in frommem Eifer das Wort Gottes verkündete, gewahrte er, wie ein ansehnlicher Teil seiner Zuhörer um eine andere Stelle sich drängte, wo nämlich dem Gotte Mars ein Bierfass zum Opfer dargebracht werden sollte. Columbanus machte mit diesem für ein Heidenopfer bestimmten Bierfasse wenig Umstände. Er blies mit seinem Munde nach der Richtung, wo das corpus delicti stand, und blies das Fass entzwei, so dass der Inhalt des geborstenen Fasses auf die Erde rann.“

Arnulf von Soissons (14. August)

Der Benediktiner und Bischof von Soissons, gestorben um 1040, teilt sich die Legende vom verschmutzten Wasser und dem durch das Kreuz bzw. das Abkochen gereinigte Bier mit seinem Namenskollegen Arnulf von Metz. Auch er wurde zum Patron der Bierbrauer, vor allem wahrscheinlich, weil in dem von ihm gegründeten Kloster in Oudenbourg die Brauerei eine große Bedeutung hatte. Sein Bild ist bis heute auf dem Etikett einer Biersorte von Steenbrugge, einem Familienbetrieb aus Belgien, zu sehen.

Buntglasfenster des Heiligen Arnold von Soissons, unbekannter Künstler, datiert 1942, in der Huyghe-Brauerei, Melle, Belgien

Georg der Märtyrer (23. April)

Der berühmte Drachentöter Georg, der wie Florian der diokletianischen Christenverfolgung zum Opfer gefallen sein soll und der zu den beliebtesten und bekanntesten frühchristlichen Heiligen gehört, hat übrigens neben all seinen vielen Patronaten, nicht zuletzt etwa Englands oder der Pfadfinder, auch einen Bezug zum Bier und wird deshalb auch oft unter den Heiligen genannt, die mit Bier zu tun haben: Sein Gedenktag ist das Datum, an dem das Reinheitsgebot von 1516 erlassen wurde.

Der Märtyrer Georg nach einer Hans Süß von Kulmbach (1480 – 1522) zugeschriebenen Zeichnung

DAS REINHEITSGEBOT

Zwar nichts Klösterliches, aber für die Geschichte des Bieres entscheidend.

Wenn von Bier und seiner Geschichte die Rede ist, dann kommt man immer sehr schnell auch auf das Reinheitsgebot von 1516 zu sprechen, wahlweise immer gerne das „deutsche" oder das „bayerische" Reinheitsgebot genannt. Wie oben schon erwähnt, gab es in unterschiedlichen Städten und anderen Gebietskörperschaften eigene Vorschriften zur Reinheit von Bier. Der Erlass mit der größten Wirkgeschichte, die ja bis heute fortdauert, ist sicherlich dieses Reinheitsgebot, auf das sich bis heute Brauereien berufen.

Am 23. April 1516 erließen die bayerischen Herzöge Wilhelm IV. und Ludwig X. im Ingolstädter Landständetag eine Verordnung, die sich mit der Bierherstellung befasste. Ziel war es, Qualität zu sichern, Preiswucher zu verhindern und vor allem die Bevölkerung vor gesundheitsschädlichem „gepanschtem" Bier zu schützen.

Der Wortlaut des entscheidenden Satzes lautete sinngemäß: „... daß forthin allenthalben in unseren Städten, Märkten und auf dem Lande zu keinem Bier mehr Stücke als allein Gersten, Hopfen und Wasser verwendet und gebraut werden sollen." Die Hefe wurde damals nicht erwähnt – sie war zwar unbewusst Teil des Brauprozesses, aber noch nicht wissenschaftlich erkannt. Erst im 19. Jahrhundert konnte Louis

Pasteur die Rolle von Hefen klären.

Warum nur Gerste?

Die Wahl auf Gerste als Getreideart war kein Zufall: Weizen und Roggen waren damals lebenswichtige Grundnahrungsmittel für Brot und sollten nicht „versoffen“ werden. Gerste hingegen war weniger begehrt für das tägliche Brot, aber hervorragend zum Brauen geeignet. Das Gesetz war also auch eine Art Lebensmittelverteilungsregel, die Brotgetreide für die Ernährung sicherte und Bier erschwinglich und trinkbar hielt.

Im Spätmittelalter war die Bierherstellung teils abenteuerlich. Oft wurden dem Sud Kräuter wie Bilsenkraut, Wacholder, Gagel oder gar giftige Zusätze beigefügt, um Geschmack und Wirkung zu „verbessern“. Diese sogenannten „Grutbiere“ waren zwar regional beliebt, aber auch unberechenbar. Wie oben erwähnt, kennt Hildegard von Bingen ja auch einige besondere Zutaten für das Bier.

Durch die Einschränkung auf Gerste (als Stärkequelle), Hopfen (zur Konservierung und Bitterung) und Wasser (idealerweise aus tiefen Brunnen) wurde das Bier klarer, haltbarer und geschmacklich einheitlicher. Das Reinheitsgebot war somit auch ein frühes Verbraucherschutzgesetz – ohne es so zu nennen.

Obwohl es ursprünglich nur für das Herzogtum Bayern galt,

verbreitete sich das Reinheitsgebot im Laufe der Zeit mit der politischen Ausdehnung Bayerns. Mit der Gründung des Deutschen Kaiserreichs (1871) begannen viele Brauer außerhalb Bayerns, das Reinheitsgebot freiwillig zu übernehmen – es galt als Gütesiegel für „ehrliches“ Bier. Spätestens mit der Einführung des deutschen Biersteuergesetzes von 1906 wurde es zum bundesweiten Standard für untergärige Biere. In der Bundesrepublik wurde das Reinheitsgebot 1952 erneut bestätigt – bis heute ist es Bestandteil des deutschen Lebensmittelrechts, auch wenn EU-Recht inzwischen mildere Ausnahmen zulässt.

SORTEN VON KLOSTERBIER

So wie die Frage, was denn ein Bier nun letztendlich zu einem Klosterbier werden lässt, sich nicht abschließend beantworten lässt, weil das von vielen Definitionen abhängig ist, so schwer ist es auch zu sagen, was denn die eigentlichen Sorten von klösterlichem Bier sind. Über die Jahrhunderte hat sich die Brautradition und die Art des Umgangs sowie die konkrete Verwendung sehr verändert. Während das Bier des Frühmittelalters als flüssiges Brot gesehen wurde, ist die Bandbreite der angebotenen Sorten riesig. Ursprünglich muss man sich Biere natürlich viel dunkler und unfiltriert vorstellen. Helles Bier kam erst viel später. Den Ursprung hatte das Helle in Bayern, insbesondere in München, als Antwort auf das zunehmend beliebte Pilsner Bier aus Böhmen. Das Pilsner (seit 1842) war deutlich heller, klarer und hopfenbetonter als die bis dahin vorherrschenden dunklen bayerischen Biere. Die Münchner Brauereien reagierten auf diesen Trend, indem sie ein eigenes, helles Lagerbier entwickelten – weniger bitter, malzbetonter und süffiger als das Pils. Das erste Helle wurde 1895 von der Spatenbrauerei eingeführt und fand Anfang des 20. Jahrhunderts langsam Verbreitung.

Biersorten sind nicht alle in klösterlichen Brauereien entstanden. Gerade die neueren Varianten wurden von Braumeistern in säkularen Gärbottichen erfunden. Kölsch beispielsweise entstand im

„heiligen Köln“, aber erst in einer Zeit, als keine Brauerei mehr in der Hand von Klöstern war.

Was Klosterbiere vereint, ist ihr Anspruch, in handwerklicher Tradition aus natürlichen Zutaten gebraut zu werden.

In Bayern, wo die wirklich in klösterlichen Händen liegenden Brauereien wie Mallersdorf, Andechs und Kreuzberg liegen, ist heute die Vielfalt klösterlicher Biersorten besonders groß. Trotzdem bietet natürlich nicht jede Klosterbrauerei alle Sorten an.

Eine der beliebtesten Sorten ist das **Helle**, ein untergäriges, mildes, goldenes Bier, das sich durch eine leicht malzige Süße und eine sehr sanfte Hopfenbittere auszeichnet. Es steht in vielen traditionellen Klosterbrauereien für bodenständigen, süffigen Biergenuss. Historisch noch älter ist das **Dunkle**. Vor der Erfindung heller Malzverfahren waren dunkle Biere der Standard. Heute erfreuen sich diese Biere, oft kastanienbraun mit Noten von Karamell, Brotkruste und einem leicht nussigen Charakter, neuer Beliebtheit – sie gelten als authentisch und traditionsbewusst.

Auch das **Weißbier** oder **Weizen** hat in manchen Klöstern eine lange Geschichte. Zwar lag das Braurecht für Weizenbier über Jahrhunderte beim bayerischen Adel, doch einige Klöster, etwa in Südostbayern, pflegten die Herstellung von Weizenbier dennoch – besonders während der Barockzeit, auch weil sie ja zum Teil Konventmitglieder aus dem Adel hatten. Heute gehören Weizenbiere – ob hell, dunkel oder hefetrüb – bei vielen Klosterbrauereien fest zum Sortiment. Typisch sind hier fruchtige Aromen sowie eine prickelnde Frische. Einen besonderen Platz nehmen auch die Klosterbock und Doppelbock genannten **Bockbiere** ein – ursprünglich als „flüssige Fastenspeise" von Mönchen entwickelt. Diese Biere zeichnen sich durch eine besonders hohe Stammwürze, einen kräftigen Malzkörper und eine wärmende Stärke aus. Namen wie Salvator, Celebrator oder Bergbock verweisen auf diese Tradition.

Unter den oben erwähnten **Trappistenbieren** ist das Dubbel sehr bekannt. Es handelt sich dabei um ein dunkles, obergäriges Bier mit fruchtig-würzigen Aromen, einer tiefen Karamellnote und weichem, vollmundigem Charakter. Ebenfalls charakteristisch ist das Tripel, ein helles, sehr starkes Bier mit lebendiger Kohlensäure und trockenem, leicht alkoholisch anmutendem Abgang. Es ist komplex, aber nicht schwer – ein Stil, der maßgeblich von der Abtei Westmalle entwickelt wurde.

Das Quadrupel stellt die stärkste Ausprägung dieser Klosterbier-Tradition dar. Mit Alkoholgehalten von bis zu 12 Prozent ist es ein fast likörartiges, tief dunkles Bier mit Aromen von getrockneten Früchten, Schokolade und Gewürzen. Man genießt es wie einen guten Wein oder Port – langsam und mit Aufmerksamkeit. Weiterhin gibt es in belgischen Klöstern auch das Witbier, ein leichtes, gewürztes Weizenbier mit Orangenschale und Koriander, über Jahrhunderte gepflegt. Dieses erfrischende, leicht trübe Bier erfreut sich heute wieder großer Beliebtheit – gerade im Sommer.

Auf dem Kreuzberg in Franken gibt es übrigens ein interessantes Detail aus der Geschichte der Brauerei, das hier auch nicht verschwiegen werden soll: Früher gab man das Bier kostenlos an die Pilger ab. Diese wiederum zeigten sich nicht kleinlich und hinterlegten neben den leeren Maßkrügen ein Biergeld. Dieser Brauch hat sich etwa bis 1920 gehalten. Steigender Missbrauch hat jedoch dazu geführt, dass das Bier in der Folgezeit nur gegen Entgelt abgegeben wurde. Und so blieb es bis heute …

OBERGÄRIG UND UNTERGÄRIG – WAS BEDEUTET DAS?

Bier ist nicht gleich Bier. Wenn von Biersorten die Rede ist, spricht man sehr oft von so genannten „obergärigen“ oder „untergärigen“ Bieren. Wahrscheinlich haben Sie diese Begriffe auch schon oft gehört. Was steckt denn dahinter?

Warum ist ein Weizenbier obergärig, ein Pils aber untergärig? Und welche geschmacklichen Merkmale kann man jeweils erwarten?

Die Gärung – das Herz des Brauprozesses

Die Gärung ist der Prozess, bei dem die Bierhefe den Zucker der Würze in Alkohol, Kohlensäure und eine Vielzahl von Aromastoffen umwandelt. Welche Hefe dabei verwendet wird und unter welchen Bedingungen, bestimmt ganz wesentlich die Eigenschaften des Endprodukts.

Bei der **obergärigen Gärung** kommt Saccharomyces cerevisiae zum Einsatz – eine Hefe, die bei höheren Temperaturen (15–25 °C) aktiv ist. Der Name „obergärig“ stammt daher, dass sich die Hefe während der Gärung an der Oberfläche des Gärgefäßes sammelt. Sie ist lebhafter, gärt schneller und produziert bei ihrer Arbeit viele sogenannte Ester – das sind fruchtige, teilweise würzige Aromen, die das Bier deutlich prägen.

Die Gärung ist bereits nach wenigen Tagen abgeschlossen, das Bier kann zügig weiterverarbeitet werden. Diese Methode war über Jahrhunderte Standard, bevor untergärige Verfahren im 19. Jahrhundert durch Kühltechniken größere Verbreitung fanden.

Untergärige Biere werden mit Saccharomyces pastorianus gebraut – einer Hefe, die bei niedrigeren Temperaturen (4–9 °C) arbeitet. Die Hefe sinkt im Laufe der Gärung nach unten – daher der Name „untergärig“.

Diese Hefen arbeiten langsamer, aber sie produzieren weniger Nebenaromen. Das Ergebnis ist ein klareres, „reineres“ Geschmacksbild, in dem Malz und Hopfen besser zur Geltung kommen. Die untergärige Gärung dauert meist deutlich länger und erfordert kühle Bedingungen, weshalb sie sich historisch erst mit dem Aufkommen moderner Kühltechniken etablieren konnte.

Kann man den Geschmacksunterschied beschreiben? Aber natürlich:

Obergärige Biere – fruchtig, aromatisch, lebendig

Durch die Bildung von Estern und anderen Nebenprodukten entstehen bei obergärigen Bieren fruchtige und würzige Noten. Viele Weizenbiere duften, wie man immer wieder sagt, nach Banane oder Nelke – ein Effekt, der allein auf die Hefe zurückgeht. Auch Ales und belgische Klosterbiere zeichnen sich durch komplexe, vielschichtige Aromen aus.

Untergärige Biere – klar, frisch, malz- und hopfenbetont

Untergärige Biere zeichnen sich durch ein sauberes, „cleanes" Geschmacksprofil aus. Da kaum fruchtige Nebenaromen entstehen, treten Malz- und Hopfencharakter deutlicher hervor. Sie sind meist klar filtriert und werden kälter getrunken.

Typische Bierstile

Obergärige Bierstile

- Weizenbier (Hefeweißbier): Hefe- und Estergeschmack (Banane/Nelke), trüb
- Kölsch: hell, obergärig, aber kühl vergoren – eine Kölner Spezialität
- Altbier: dunkel, malzig, leicht herb – vor allem in Düsseldorf beliebt
- Pale Ale/India Pale Ale (IPA): obergärig mit kräftigem Hopfenaroma
- Belgische Klosterbiere (Dubbel, Tripel): fruchtig, würzig, oft stark

Untergärige Bierstile

- Pils: schlank, hopfenbetont, trocken – einer der verbreitetsten Bierstile
- Helles: mild, malzig, süffig – vor allem in Bayern beliebt
- Export: etwas kräftiger als Helles, leicht süßlich
- Dunkel: malzbetont, mit Karamell- und Röstaromen

- **Bock und Doppelbock: stark, süßlich-malzig, typisches Fastenbier**

Bis ins 19. Jahrhundert waren alle Biere obergärig, da eine kontrollierte Kühlung nicht möglich war. Erst mit der Erfindung von Kühlmaschinen (Carl von Linde, 1873) konnten untergärige Biere ganzjährig gebraut und gelagert werden. Dies führte zur industriellen Verbreitung untergäriger Biere – besonders des Pils und Hellen.

Heute erleben obergärige Biere – v. a. durch die Craft-Beer-Bewegung – eine Renaissance, während klassische untergärige Sorten ihren festen Platz behalten.

TRAPPISTENBIERE

Unter heutigen Klosterbieren haben die Produkte des Trappistenordens einen besonderen Stellenwert. Die Reformierten Zisterzienser oder die Zisterzienser von der Strengen Observanz, wie der Orden eigentlich heißt, haben sich für ihre Produkte ein eigenes Qualitätssiegel gegeben, das übrigens nicht nur für Trappistenbiere, sondern auch beispielsweise für Schokolade, Honig, Wein, Liköre oder Käse gilt. Die ITA, die „International Trappist Association" legt dabei strenge Kriterien an, um ein authentisches Trappistenerzeugnis als Label anzuerkennen:

- **Alle Produkte müssen in der unmittelbaren Umgebung der Abtei hergestellt werden.**
- **Die Produktion muss unter Aufsicht der Mönche oder Nonnen erfolgen.**
- **Der Gewinn muss für die Bedürfnisse der Klostergemeinschaft, für Solidaritätszwecke innerhalb des Trappistenordens oder für Entwicklungsprojekte und karitative Zwecke bestimmt sein.**

Die berühmten Trappistenbiere stammen aus elf Abteien weltweit, die in der internationalen Trappistenvereinigung zusammengeschlossen sind und ihre Biersorten verkaufen:

La Trappe – Der Abtei Onze Lieve Vrouw von Koningshoeven, Niederlande.

Chimay – Hergestellt von der Brauerei „Bières de Chimay“ der Abtei von Scourmont, Belgien.

Rochefort – Obergäriges Bier, hergestellt in der Abtei Notre-Dame de Saint-Remy in Rochefort, Belgien.

Westmalle – Hergestellt von der Abtei Onze Lieve Vrouw van Heilig Hart in Westmalle, Belgien.

Westvleteren – Erhältlich in den Varianten „Blond“, „8“ und „12“, hergestellt in der St. Sixtus-Abtei Westvleteren, Belgien.

Zundert – hergestellt in der Brauerei der Abtei Maria Toevlucht, Niederlande.

Mont des Cats – aus der gleichnamigen Abtei im französischen Flandern, Frankreich.

Cardeña – aus der Abtei San Pedro de Cardeña, Spanien.

Mount St. Bernard – der Abtei Mont Saint-Bernard, Großbritannien.

Orval – hergestellt von der Abtei von Orval, Belgien.

Tre Fontane – drei Trappistenbiere aus der gleichnamigen Abtei in Rom, Italien.

Die Trappistenabtei von Engelszell im oberösterreichischen Innviertel, die bis vor einigen Jahren auch noch Trappistenbier hergestellt und verkauft hat, ist seit 2023 aufgelöst.

Der Alkoholgehalt von Trappistenbieren liegt zwischen 6 und 12 Prozent. Sie werden ausschließlich aus natürlichen Rohmaterialien hergestellt: Quellwasser, Gerstenmalz, Hopfen, Zucker und Hefe. Diese Biere unterliegen nicht dem deutschen Reinheitsgebot.

Das Bier der Abtei Westvleteren wurde bereits mehrfach als bestes Bier der Welt ausgezeichnet – und ist alles andere als leicht erhältlich. Das hat auch dazu geführt, dass es einen regelrechten Wucherhandel mit dem Bier gab, den die Mönche einzudämmen versuchten. Wer in der St. Sixtus-Abtei Bier kaufen möchte, muss sich vorher online anmelden und sein Autokennzeichen angeben; mittlerweile gibt es über das Internet in einer Pilotphase auch einen Webshop mit Lieferung nach Hause, aber nur an Haushalte in Belgien und auch höchstens zwölf Flaschen. In einem eigenen Kalender ist geregelt, wann welche Biere gekauft werden dürfen.

WIE GEHT BIERBRAUEN?

Ein Selbstversuch

So einige Brauereiführungen habe ich mitgemacht, manchen Brauern über die Schulter geschaut, einiges gelesen, vieles gehört – aber so wirklich verstanden, wie Bierbrauen geht, habe ich nicht. Was macht man da? Man probiert es selbst aus. Das war zumindest meine Devise. Gedacht, getan. Ich bestellte mir ein Bier-Brau-Set und ließ es mir nach Hause liefern.

In einem großen Karton kam das Set an: Mehrere leere Bügelflaschen, ein großes Gärgefäß, ein Thermometer, das die Temperatur in Töpfen messen kann, mehrere kleinere Teile und ein Päckchen mit Malz, Hefe und Hopfen. Nun dann – auf ins Vergnügen!

Zunächst ist Brauen, das habe ich gleich gelernt, eine regulierte Sache, denn: Im Handbuch, das mir mitgeliefert wurde, stand zuerst, dass ich mein Brauvorhaben beim zuständigen Hauptzollamt anzumelden hätte; Brauen für den Eigenbedarf mit bis zu 200 Litern pro Jahr ist in Deutschland steuerfrei. Also eine E-Mail an den Zoll, um nicht etwas Illegales anzufangen.

Wochen später bekam ich jedoch einen Brief vom Hauptzollamt, in dem drinstand, dass im Hinblick auf das gebraute Bier aus Sicht des Hauptzollamts kein gewerblicher Zweck zu erkennen sei und ich deshalb als Haus- und Hobby-Brauer, laut Paragraph 41 der Biersteuer Verordnung, kurz BierStV (so etwas gibt es also wirklich), zu werten sei. Tatsächlich sei es aber nicht mehr nötig, das Bierbrauen als solcher Hobby-Brauer anzumelden, da seit 1.1.2025 die Pflicht, dies beim zuständigen Hauptzollamt anzuzeigen, entfallen sei. Außerdem, und das sei noch deutlich anzumerken, sei die Höchstmenge, die zulässigerweise von Hobby-Brauern steuerfrei für den Eigenbedarf im Kalenderjahr gebraut werden darf, fünf Hektoliter. Die muss man erst mal trinken können … Und weiter hieß es wörtlich: „Ich weise Sie darauf hin, dass insbesondere überschreiten der steuerfreien Höchstmenge der entgeltlichen Abgabe des hergestellten Bieres, oder wenn das Bier nicht zum eigenen Verbrauch hergestellt wird, kein Steuerbefreiungs-Tatbestand greift und deshalb weiterhin unverzüglich eine Steueranmeldung für Bier im Einzelfall (Formular 2075) abgegeben werden muss."

Aber zurück zum Brauprozess – und meine nächste lehrreiche Erfahrung: Brauen ist Arbeit nach Maß … Als ich das Handbuch, das eigentlich mehr ein Rezeptbuch ist, las, stellte ich fest: Es geht darum, Temperaturen und Zeiten ganz genau zu messen, die einzelnen Komponenten perfekt sauber zu halten und am Ende recht viel Geduld zu haben.

Also auf zum ersten Schritt: Das **Maischen**. In meinem Fall bedeutete das, vier Liter Wasser in einem großen Topf auf 72 Grad Celsius zu erhitzen (jawohl, genau

Vor Braubeginn werden die Flaschen heiß ausgewaschen

Wasser wird erhitzt

die Temperatur war angegeben, und mit dem mitgelieferten langstieligen Digitaltermometer überprüfte ich sklavisch genau die Hitze, die sich entwickelte). In dieses Wasser kam nun das mitgelieferte Malz, was dazu führte, dass das Wasser in der Temperatur um eini-

Ein Brauer rührt Maische in den Kessel

Malz wird hinzugegeben

ge Grad fiel. 60 Minuten lang sollte nun das Malz im Wasser bei 65 bis 69 Grad unter gelegentlichem Umrühren zur Maische werden. Ein unbeschreiblich appetitlicher Geruch, den ich vom Vorbeigehen an Brauereien kannte, erfüllte meine Küche. Nebenbei war es wirklich beeindruckend zu sehen, wie sich Wasser und Malz zueinander verhielten. Einen Getreidetee hatte ich da zu produzieren. Nach 60 Minuten musste ich das Ganze auf 78 Grad erhitzen, um dann den zweiten Brauprozess einzuleiten: Das **Läutern**.

In ein Sieb, das ich auf einen anderen großen Kochtopf stellte, schöpfte ich nun das Malz, so dass sich ein natürlicher Filter bildete, durch den ich nun die ganze Flüssigkeit goss, die im Kochtopf entstanden war. Zucker und Geschmack sollten aus dem Malz in die Flüssigkeit kommen. Langsam und vorsichtig goss ich Kelle für Kelle Flüssigkeit über das Malz, nur um dann den leeren Topf noch einmal mit drei Litern Wasser zu füllen, das wieder auf 78 Grad zu erhitzen war und dann auch noch über das Malz geschüttet wurde. Danach wieder kam eine zweite Runde, die gesamte Flüssigkeit ging nun noch einmal über das Malz im Sieb … Zu guter Letzt presste ich mit einem Kochlöffel die restliche Flüssigkeit aus dem Malz in den Topf. Die Würze, die so entstanden war, siebte ich noch einmal, damit keine kleinen Getreidereste in der Flüssigkeit verblieben. Jetzt hatte ich eine trübe, bernsteinfarbene Flüssigkeit, die sehr gut duftete – und ein Sieb voll des feuchten Malzes, das damit zum Biertreber geworden war. Das bewahrte ich übrigens auf und buk danach noch ein sehr feines Treberbrot daraus. Aber das ist eine andere Geschichte.

Zurück an den Brauherd: Mit dem Läutern war es ja noch nicht zu Ende, denn jetzt kam die nächste große Aufgabe: Das **Hopfenkochen**. In meine Würze gab ich nun, als ich sie in dem großen Topf zum Kochen gebracht hatte, die feinen Hopfenstückchen, die ebenfalls in meinem Brauset waren. Der Hopfen bringt ja jenes Aroma, das für das Gleichgewicht im Bier sorgt und das leicht Bittere mit hineinbringt. Nebenbei lernte ich auch, dass das Kochen natürlich für die Sauberkeit des Bieres sorgt – klar, das war mir tatsächlich schon mal untergekommen, dass Abkochen von Wasser sinnvoll ist –, aber auch, dass der Hopfen als natürliches Konservierungsmittel dient. Je früher, so lernte ich ebenfalls, man den Hopfen der kochenden Würze beigibt, umso bitterer wird das Bier. Eine spätere Beimischung sorgt hingegen für ein intensiveres Aroma. Dass Brauer wahre Künstler in ihrem Fach sind, versteht man spätestens dann, wenn man sieht, dass ganz kleine Details in diesem Prozess große Auswirkungen haben. Also: Ich brachte meine Würze zum Kochen und gab nach guten zehn Minuten den Hopfen dazu, nicht ohne insgesamt 60 Minuten lang aufzupassen, dass das Hopfenkochen bei leicht köchelnder Würze stattfindet. Der Geruch, der sich jetzt in meiner Küche verbreitet, war wieder ein ganz anderer als vorher, aber nicht weniger interessant. Das Rezeptbuch meines Brausets gab an, dass man jetzt auch noch andere Gewürze oder Kräuter hinzugeben könne, dass man damit aber sehr behutsam vorgehen müsse. Aber da ich erstens als blutiger Laie davon meine Finger lassen und zweitens nach Reinheitsgebot brauen wollte, kam das für mich nicht in Frage. Aber spannend finde ich diese Idee durchaus …

Ja, und nach den 60 Minuten musste der Topf in eiskaltes Wasser im Spülbecken gestellt werden, um die Flüssigkeit in ihm, die sich während des Kochvorgangs doch um einiges verringert hatte, weil ordentlich Wasser verdampfte, auf unter 25 Grad abzukühlen, um dann die Hefe in mein Gebräu hineinzurühren. Die Zeit des Hopfenkochens hatte ich übrigens nicht untätig verbracht: Währenddessen habe ich ganz gründlich alle Komponenten gereinigt, die jetzt zum Einsatz kamen: Das Gärgefäß und seinen Deckel, den Zapfhahn, den ich darin einbauen musste, und das Gärröhrchen, das dann am Schluss in einer Öffnung des Deckels des Gärgefäßes thronen würde und für den Austritt der Kohlensäure aus meinem gärenden Gebräu sorgen sollte.

Hinzugabe von Hopfen

Es wird langsam Bier

Aber zurück – die **Gärung**: Die Hefe war in die Flüssigkeit eingerührt, der Hopfen hineingekocht, und jetzt kam alles in das Gärgefäß, wurde fest verschlossen und in die Speisekammer gestellt, wo

Nun muss es reifen

es nicht zu warm und auch nicht zu hell sein würde – für die nächsten zehn Tage. Denn so lange bleibt dann das Bier in dem Gärgefäß, bevor es danach wieder umgefüllt werden wird: zur **Nachgährung** in die Flaschen, und das dauert dann noch einmal drei Wochen. Diese Zeit aber, Hauptgärung im Gärgefäß und Nachgärung in den Flaschen, ist der wichtigste Teil der Bierherstellung.

Ja, und dann, wenn all das gut gegangen ist, wenn ich sauber gearbeitet habe, wenn die Temperaturen gestimmt haben, wenn …: Dann kann ich nach einem guten Monat mein eigenes Bier probieren. Ich verspreche Ihnen: Das ist eine Erfahrung, die man wirklich einmal gemacht haben sollte. Mich hat es äußerst fasziniert; ich schätze nun noch viel mehr die Handwerkskunst der Braumeisterinnen und Braumeister; und ich habe verstanden, wie viel Liebe, Zeit, Erfahrung, hervorragende Zutaten und Knowhow eines Brauers in einem Glas Bier stecken. Na, dann: Prost!

Andechs
EXPORT DUNKEL

KLOSTERBIER AUS DEM DEUTSCHSPRACHIGEN RAUM

Welche Brauereien im deutschsprachigen Raum bieten denn ein Klosterbier an? Nun, das ist wirklich schwer zu beantworten. Wie schon erwähnt, liegt das vor allem daran, welche Kriterien man an den rechtlich ungeschützten Begriff „Klosterbier“ anlegt. Da gibt es ein paar wenige Brauereien, die tatsächlich in klösterlichem Besitz sind und in denen der Konvent auch unternehmerische Entscheidungen in der Brauerei trifft. In der Klosterbrauerei Mallersdorf steht, wie schon erwähnt, mit Sr. Doris sogar noch eine Ordensfrau selbst am Braukessel. Dann gibt es wiederum Klöster, die ihr Bier in Brauereien herstellen lassen, die ihnen zwar nominell gehören, in denen sie aber unternehmerisch nicht tätig werden. Wieder andere Klöster haben ihre Braurechte an eine andere Brauerei gegeben, die dann in ihrem Namen braut. Dann gibt es auch noch den Fall, dass Brauereien, die heute privaten Besitzern gehören, sich auf klösterliche Vorgängerbrauereien zurückführen lassen – oder dass in den Räumlichkeiten eines ehemaligen Klosters gebraut wird. Und dann gibt es auch noch Brauereien, die ihrem Bier oder einzelnen Biersorten Namen aus klösterlicher oder kirchlicher Tradition geben. Je nachdem wie streng man die Kriterien anlegt, gibt es unterschiedlich viele Klosterbiere … Diese Liste hier soll einen kleinen Überblick bieten, ohne Anspruch auf Vollständigkeit zu erheben.

Sollten Sie, werter Leser, werte Leserin, noch weitere Klosterbier-Brauereien kennen, die hier nicht aufgeführt sind, sind wir für einen Hinweis sehr dankbar!

Abteibräu

Die Mettlacher Brauerei an der Saar braut ein Abteibräu. Sie gehört aber keiner Abtei, keinem Kloster oder Konvent, sondern

Kloster Alpirsbach in Baden-Württemberg

ist in Privatbesitz und Teil eines Braugasthofs. In diesem gibt es das naturbelassene, ungefilterte helle Bio-Märzenbier. Die Abtei Sankt Peter und Maria Mettlach war ein im 7. Jahrhundert gegründetes Benediktinerkloster, das während der französischen Revolution aufgegeben wurde.

Das Kloster Andechs

Aldersbacher

Die Klosterbrauerei Aldersbach befindet sich seit 1812 in Familienbesitz. Sie liegt im niederbayerischen Vilstal und blickt auf eine 800 Jahre alte Tradition zurück. 1120 wurde das Kloster von Augustinern gegründet. 1146 ging es an Zisterzienser, diese brauten dort um 1268 Bier. Heutzutage werden hier verschiedene Biere, u. a. Helles, Weißbiere oder Bockbiere gebraut.

Alpirsbacher Klosterbräu

Das Alpirsbacher Klosterbräu (Foto S. 85) wird im Schwarzwald gebraut und ist seit 1880 ein Familienbetrieb in nunmehr vierter Generation. Die Brauerei liegt direkt neben dem ehemaligen Benediktinerkloster, das in den Wirren der Reformation unterging. Zu genießen gibt es hier bspw. Kräuter Radler, Helles, Dunkles, Starkbier oder auch Alkoholfreies.

Andechs

Die wahrscheinlich bekannteste und in diesem Buch schon oft erwähnte Klosterbrauerei ist diejenige vom Kloster Andechs. Noch heute wird im Kloster gebraut, alle unternehmerischen Entscheidungen trifft der Konvent des Benediktinerpriorats, das zur Abtei Sankt Bonifaz in München gehört. Hier gibt's verschiedene Varianten Helles, Dunkles und Weißbier. Berühmt sind auch der Biergarten und der klösterliche Gasthof auf dem Heiligen Berg von Andechs, ein beliebtes Ausflugsziel, in dem auch das bekannte Starkbier ausgeschenkt wird.

Augustiner

Das Augustinerbräu in München gibt es seit 1328. Das Bier wurde bis zur Säkularisierung von Augustiner Chorherren gebraut, auf die die heutige Brauerei zurückgeht. Heute gehört die Brauerei der Edith-Haberland-Wagner Stiftung, die nicht nur den Bestand der Brauerei als Privatbrauerei sichert, sondern auch wohltätige Zwecke unterstützt. Neben dem Edelstoff und dem Augustiner Hell ist derzeit vor allem das Augustiner Alkoholfrei so begehrt, das es immer wieder zu großen Lieferengpässen kommt.

Klosterbräu Bamberg

Die Brauerei befand sich viele Jahrhunderte in erzbischöflichem Besitz, seit 1851 ist sie in privater Hand. Das Bier ist nach dem ehemaligen Franziskanerkloster in Bamberg benannt. Natürlich gibt es hier in guter Bamberger Tradition Rauchbier.

Die Baumburger Klosterbrauerei befindet sich auch heute noch auf dem Gelände des ehemaligen Klosters Baumburg im oberbayerischen Landkreis Traunstein. Weil aber das Augustiner-Chorherren-Stift im Zuge der Säkularisierung aufgehoben wurde, befindet sich die Brauerei seitdem in Privatbesitz. Unter der großen Auswahl befinden sich Helles, Märzen und Bock. Erstmals gebraut wurde hier nachweislich 1612.

Dortmunder Stifts Pils

So nennt sich eine Marke der Kronen Privat-Brauerei Dortmund. Das Bier geht zurück auf Nonnen des Klosters Clarenberg, die ihr eigenes Bier brauten. Im 19. Jahrhundert gründete ein Unternehmen auf dem Gelände des einstigen Stifts eine Privatbrauerei, die 1987 von der Kronen-Brauerei übernommen wurde. Diese gehört wiederum zur Radeberger Gruppe.

Allgäuer

Zur selben Gruppe gehört das Allgäuer Brauhaus in Kempten, das seine Brauerei auf diejenige des Fürststifts Kempten zurückführt. In dem im 8. Jahrhundert gegründeten Benediktinerkloster wurde nachweislich spätestens 1394 gebraut. Heute ziert die ehemalige Klosterkirche Sankt Lorenz das Etikett der Alt-Kemptener-Weiße. Natürlich gibt es die unterschiedlichsten Biersorten in Kempten.

Einsiedler

Das Einsiedler Bier trägt auf seinen Etiketten die Silhouette des Klosters Einsiedeln in der Schweiz. Gebraut wird das Bier von der Brauerei Rosengarten, die eben in Einsiedeln im Kanton Schwyz zu Hause ist. Die Privatbrauerei ist seit weit über 100 Jahren aktiv und hat die unterschiedlichsten Biersorten im Angebot, unter anderem seit 2016 das erste Heubier der Schweiz: „äs Gäächs“.

Eschweger Klosterbräu

Die Klosterbrauerei in Hessen befindet sich seit 1839 in „weltlichem“ Besitz. 1875 erwarb die Firma das Gelände des ehemali-

Stift Engelszell in Österreich

gen Augustinerklosters, auf dem heute noch gebraut wurde und in dem schon nachweislich die Augustiner-Eremiten (übrigens der Orden, aus dem jener entsprungen ist, dem Papst Leo XIV. angehört) Jahrhunderte zuvor Bier herstellten. Deswegen werden hier Helles, Pils und Alkoholfreies auch als Klosterbier verkauft.

Kloster Ettal in den Ammergauer Alpen

Ettaler

Seit 1609 brauten die Benediktiner in der bayerischen Ettaler Klosterbrauerei Bier (Foto S. 91). Dort wird die Benediktiner Weißbräu GmbH geführt; das Bier wird gebraut in Lich/Hessen durch die Privatbrauerei Jhring-Melchior. Am bekanntesten ist das Benediktiner-Weißbier.

Engelszeller Klosterbräu

Das Stift Engelzell (Foto S. 90) war das einzige Trappistenkloster Österreichs, wurde aber 2023 aufgehoben. Deshalb hat die Brauerei auch das klassische Siegel des Trappistenbiers verloren (siehe dazu Kapitel Trappistenbiere). Die Brauerei wird seit Anfang April 2025 zusammen mit anderen Klosterbetrieben wie der Likörmanufaktur von einer GmbH geführt.

Franziskaner

Franziskaner Weißbier gehört zur Münchener Spatenbrauerei. 1363 lässt sich eine Brauerei bei den Franziskanerbrüdern in München nachweisen. Die Spaten-Franziskaner-Brauerei ist aber eine Privatbrauerei. Ein „Mönch" ist dennoch auf dem Etikett des Franziskaner-Weißbiers zu sehen – und das seit 1909.

Pilgrim

Zum Benediktinerkloster Fischingen im schweizerischen Kanton Thurgau gehört die Brauerei „Pilgrim", die ihren Namen an die Tradition der Jakobspilger erhielt, die im Kloster über die Jahrhunderte immer wieder empfangen wurden. Zu den Besonderheiten der Brauerei gehören im Holzfass gereifte Biere, die nicht zuletzt in Champagnerflaschen abgefüllt werden.

Klosterbrauerei Furth

Dieses Klosterbier wird seit 1621 hergestellt, allerdings ist sein Ursprung nicht klösterlich, sondern in einer Schlossbrauerei zu verorten. 1921 übernahmen die Fratres des Maristenklosters, das sich in Furth niedergelassen hatte, die Pacht der Brauerei und kümmerten sich um die Qualität des Bieres und die Ausbildung der Brauer. 1980 erfolgte die Umbenennung in Klosterbrauerei. Inzwischen führt ein Tochterunternehmen der niederbayerischen Gemeinde Furth die Geschäfte rund um Helles, Dunkles und Osterbier.

Nordbräu

Die ehemalige Brauerei der Benediktiner im Kloster Geisenfeld bei Ingolstadt wurde 1978 aufgelöst. Die Marke übernahm die Brauerei Nordbräu.

Gösser-Stiftsbiere

Die österreichische Brauerei Gösser braut Stiftszwickl und Stiftsbräu. Ihre Geschichte ist mit einem ehemaligen Kloster von Benediktinerinnen des Stifts Göß verbunden. Im 19. Jahrhundert wurde die Brauerei auf dem ehemaligen Klostergelände wiederbelebt. Heute gehört Gösser zur Brau

Union, die wiederum Teil des Heineken-Konzerns ist.

Konventbier

Die Mönche des Benediktinerstifts Göttweig in Niederösterreich brauen seit Kurzem wieder: Seit Herbst 2024 ist dort das „Konventbier“ erhältlich, allerdings knüpft das Stift damit an eine jahrhundertealte Tradition an. Bereits im Jahr 1499 waren Braumeister im Stift tätig, wie archivalische Dokumente belegen.

Hacklberg

Eine bischöfliche Brauerei ist Hacklberg in Passau. Das Bistum Passau hat hier das Sagen. Die Brauerei wurde 1803 zusammen mit anderen Besitzungen des Fürstbischofs säkularisiert und ging in Privatbesitz über, 1897 holte das damalige Domkapitel die Brauerei damit nach 94 Jahren zurück in kirchlichen Besitz. Gebraut werden verschiedene Biersorten, etwa Helles sowie Fest- und Jubiläumsbiere.

Klosterbrauerei Hamm

Die Klosterbrauerei Hamm im Ruhrgebiet wurde 1735 gegründet und war bis 1971 in Familienbesitz der Pröpstings. Danach wurde das Unternehmen Isenbeck aufgekauft und „verschwand“ wenig später. 2011 wurden die Brauerei und Biersorten wiederbelebt. Die Einordnung als Klosterbier geht zurück auf das dortige ehemalige Franziskanerkloster. Gebraut werden Pils und Altbier.

Irseer Klosterbräu

So nennt sich die Brauerei in den Gebäuden des ehemaligen Reichsstifts Irsee im Allgäu (Foto S. 96). Seit der Säkularisierung ist die Brauerei auf dem ehemaligen Gelände des aufgelösten Klosters in privater Hand. Im historischen Gewölbekeller reifen die Weiß- und Starkbiere sowie das Helle und Dunkle bis zu ihrer natürlichen Klarheit. Im eigenen Klosterstüble kann man die Biere auch vor Ort verkosten.

Karmeliten

Die Karmeliten Brauerei Straubing führt ihre Tradition ins Jahr 1367 zurück. Seit 1879 in Familienbesitz, bezeichnet sich die Brauerei selbst als ältestes Unternehmen in Straubing. Auf dem Etikett von den Sorten wie etwa Kloster Urtyp und Klostergold sind anders als bei anderen Marken zwei Mönche abgebildet.

Kemnaht

Die Klosterbrauerei Kemnaht in der Oberpfalz wird seit der Säkularisierung privatwirtschaftlich betrieben. Das familiengeführte Unternehmen braut Qualitätsbier in unterschiedlichen Sorten wie Festbier, Märzen oder auch Zoigl. Der Ursprung der heutigen Klosterbrauerei beruht auf dem 1660 gegründeten Franziskanerkloster.

Kreuzberger Klosterbier

Seit 1731 gibt es die Klosterbrauerei Kreuzberg in der Rhön, und

Die ehemalige Abtei der Benediktiner im Kloster Irsee

noch immer ist sie in der Hand der Franziskaner vor Ort. Sie lassen allerdings weltliche Angestellte Dunkles, Pils, helles Hefeweizen und Weihnachtsbock herstellen und verkaufen. Früher gab man das Bier kostenlos an die Pilger auf dem Kreuzberg ab. Diese wiederum zeigten sich nicht kleinlich und hinterlegten neben den leeren Maßkrügen ein Biergeld. Dieser Brauch hat sich bis etwa 1920 ge-

Freisitz im Kloster Kreuzberg

halten. Steigender Missbrauch hat jedoch dazu geführt, dass das Bier in der Folgezeit nur gegen Entgelt abgegeben wurde.

Laacher Klosterbier

Die Benediktinerabtei Maria Laach in Rheinland-Pfalz lässt von der nahe gelegenen Vulkan Brauerei ebenfalls ein Klosterbier produ-

Der Freisitz im Kloster Machern an der Mosel

zieren. Es gibt bernsteinfarbenes Helles und malzig süßes Dunkles. Das Klosterbier wird sowohl in der Abtei als auch im Brauhaus in einem dazugehörigen Becher ausgeschenkt. Dieser wird in der Klostermanufaktur von Hand angefertigt. Das Bier wurde in einer umfangreichen Verkostung gemeinsam mit den Mönchen entwickelt und kann daher durchaus als Klosterprodukt bezeichnet werden.

Lutherbier

So heißt der Gerstensaft, den die Brauerei Neunspringe in Thüringen seit dem Reformationsjubiläum herstellt. Mit einem Kloster hat das Bier von dort nichts zu tun. Der Augustinermönch und Reformator Martin Luther hat es ehrenhalber auf das Etikett u. a. von Pilsner, Porter, Schwarzbier und Starkbier geschafft. Allerdings wurde im Haus des Reformators durchaus Bier gebraut: Die Familie Luther besaß ein eigenes Braurecht. Nach der Hochzeit im Jahr 1525 übernahm Katharina von Bora Küche, Hof und Brauerei. In einem Brief schrieb Martin Luther 1534 an seine Frau: „Gestern musste ich daran denken, dass ich ein sehr gutes Bier daheim habe und dazu eine schöne Frau. Und du tätest wohl, dass du mir den ganzen Keller meines Weins herüber schicktest, und eine Flasche deines Biers."

Klosterbrauerei Machern

Auch das ehemalige Zisterzienserinnenkloster Machern an der

Das Kloster St. Marienstern in Sachsen

Mosel lädt zu einem Klosterbier im Klosterbiergarten ein. Seit der Säkularisierung leben hier keine Ordensleute mehr. Die Klosterbrauerei wurde 2004 von der Braumeisterfamilie Berthold gegründet und wird seitdem von ihr betrieben. Sie produziert pro Jahr

Ein kühles Bier passt beispielsweise gut zu einem deftigen und saftigen Steak

2.500 Hektoliter Helles, Dunkles und Hefeweizen. Verkauft wird das Klosterbier im Umkreis von 50 km im Einzelhandel und in Gaststätten.

Klosterbräu Mallersdorf

Mallersdorf in Niederbayern – In der Klosterchronik ist nachzulesen, dass 1623 die Mallersdorfer Benediktinermönche das Recht bekamen „Bier unter dem Raiff (fassweise) zu verkaufen". Ende des 19. Jahrhunderts kauften die Armen Franziskanerinnen von der Heiligen Familie das Kloster, die dort auch wieder eine Brauerei gründeten. In der Mallersdorfer Brauerei braut Sr. Doris mit zwei Angestellten Helles Vollbier, Zoigl und mehrere Bock-Varianten. Ein guter Teil des Bieres geht auch an den Konvent der Franziskanerinnen. Sr. Doris hat für ihre Verdienste als Klosterbraumeisterin den Bayerischen Verdienstorden erhalten. In einem Interview sagte sie mir einmal: „Bier macht nicht dick; dick wird man durch das, was man zum Bier isst."

St. Marienstern Klosterbräu

In der Klosterbrauerei St. Marienstern in Sachsen (Foto S. 100) brauten Zisterzienserinnen zwischen 1700 und 1973 Bier, bis der DDR-Staat dermaßen Druck ausübte, dass die Brauerei geschlossen wurde. Seit der Wende braut die Stadtbrauerei im rund 20 km entfernten Wittichenau die „Klosterbräu"-Sorten Spezial und Dunkel.

Melker Bier

Noch sehr jung und frisch ist das Bier aus dem österreichischen Stift Melk. Seit 2022 gibt es dort ein Steinbier, das mit der Essenz der Benediktenwurzel versetzt wird, die „Cervisia Mellicensis". Gebraut wird durch die Craft-Beer-Brauerei „Brew Age".

Das Kloster Neuzelle an der polnischen Grenze in Brandenburg

Mehrerauer Klosterbier

Das Klosterbier Mehrerau ist ein bernsteinfarbenes Märzenbier, welches österreichische Zisterzienser-Mönche aus der Abtei am Bodensee bei der Brauerei Frastanz brauen lassen und u. a. in ihrem Klostershop verkaufen. Diese Initiative ist sogar noch jünger als die aus Melk, man hat nämlich 2024 gestartet – mit Blick auf das 800-jährige Jubiläum des Klosters 2027.

Mönchsambacher

Dieses Bier stammt aus der Familienbrauerei Zehendner im fränkischen Mönchsambach, die seit 1808 besteht. Alle Biere der Brauerei tragen einen zwinkernden Mönch auf dem Etikett; der ist aber offensichtlich auf den Ortsnamen zurückzuführen, die Brauerei hat keinen direkten klösterlichen Ursprung. Gebraut werden unter anderem Export, Hefeweizen oder auch Weihnachtsbock und Maibock.

Mönchshof

Mönchshof stammt aus einer Kulmbacher Brauerei, die auf einem ehemals klösterlichen Grund der Zisterzienser-Abtei Langheim steht. Wenn auch die Brauerei nicht in direkter Verbindung zum Kloster steht, so ist doch ihr Ort eben ein Hof der Mönche. Bekannte Sorten sind u. a.: naturtrübes Kellerbier, Pils und mehrere alkoholfreie Varianten. Besonders bekannt ist dabei die Bügelflasche, in der das Bier ausgeliefert wird.

KlosterneuBier

Das niederösterreichische Stift Klosterneuburg, das eigentlich für seinen Wein bekannt ist und in dem in der 900-jährigen Geschichte nie Bier gebraut wurde, geht in Zusammenarbeit mit der Ottakringer Brauerei interessante neue Wege. Neben klassischen Biersorten präsentieren die Augustiner-Chorhrerren auch ganz Neuartiges: So wurden für das „KlosterneuBier" Gerstenmalz und St. Laurent Trauben mit Wein- und Bierhefe doppelt vergoren. Daher ist dieses Bier eine Symbiose aus Wein und Bier.

Neuzeller Klosterbräu

An der Grenze zu Polen in Brandenburg liegt die Neuzeller Klosterbrauerei (Foto S. 103). Das ursprüngliche Kloster wurde schon längst aufgelöst, eine privatwirtschaftliche Brauerei auf dem Gelände führt die Tradition fort. Gebraut werden u. a. Landbier, Bock und Helles, aber auch Frucht- und Craftbiere, nicht zuletzt der Schwarze Abt. Allerdings wurde das Kloster Neuzelle als Wiedergründung vor einigen Jahren von Mönchen aus dem Zisterzienserkloster Heiligenkreuz bei Wien neu gegründet und nun aufgebaut. Man kann also gespannt sein, wie sich die Kombination aus dem neu erwachten Kloster und der Brauerei entwickelt …

Nothelfer Trunk

Das Vierzenheiliger Nothelfer Bier aus Vierzehnheiligen bei Bad Staffelstein in Oberfranken wird seit

1803 gebraut. Zwar gibt es dort ein Franziskaner- und ein Franziskanerinnenkloster, das Bier hat aber vor allem von der Wallfahrtskirche seinen Namen und steht nicht in Zusammenhang mit den Klöstern. Die Brauerfamilie hört auf den passenden Namen Trunk. Dass es deshalb unter den Biersorten auch einen Vierzehnheiliger Nothelfer Trunk gibt, drängt sich also geradezu auf.

Paulaner

Die Paulanerbrauerei in München führt sich auf den Orden der Mindersten Brüder oder Paulaner zurück und existiert seit mindestens 1634, denn eine Urkunde über eine Beschwerde der Münchener Brauer gegen das bei den Paulanern für ihren Eigenbedarf gebraute Bier ist dokumentiert. Die Beschwerde blieb übrigens erfolglos. Nach der Erlaubnis, ihr Bier auch zu veräußern, luden die Paulaner den bayerischen Kurfürsten 1751 zur Bierprobe des neu gebrauten Fastenbieres ein – und dem Fürsten wurde das Bier gereicht mit dem lateinischen Spruch: „Salve pater patriae! Bibas, princeps optime" („Sei gegrüßt, Vater des Vaterlandes! Trinke, bester Fürst!"). Bis heute wird dieser Satz beim Starkbieranstich auf dem Nockherberg gesprochen, wenn dem bayerischen Ministerpräsidenten die erste Maß des neuen Starkbiers Salvator überreicht wird. Die Brauerei ist seit der Auflösung des Paulanerklosters 1799 eine private; die Tradition des Starkbiers als Fastenbier geht auf die Paulanermönche zurück.

Die Kirche des Klosters Sankt Gallen in der Schweiz

Plankstettener

Im oberbayerischen Altmühltal leben Benediktiner im Kloster Plankstetten. In ihrer Schenke bieten sie auch Klosterbiersorten an wie etwa Dinkel, Dunkel, Maibock und Spezial. Gebraut wird das Bier aber im rund 30 Kilometer entfernten Riedenburger Brauhaus, einer Familienbrauerci. Dort wird rein ökologisch gebraut, was der Benediktinerabtei entspricht, die schon 1994 ihre komplette Landwirtschaft auf ökologische Wirtschaftsweise umgestellt hat.

Reutberger Klosterbiere

Die Klosterbrauerei Reutberg im oberbayerischen Landkreis Bad Tölz-Wolfratshausen liegt neben dem heutigen Franziskanerinnenkloster und wird seit der Säkularisation weltlich geführt. Davor brauten die Schwestern unter Assistenz eines Franziskanerbruders als Braumeister selbst und schenkten das gebraute Bier auch an Gäste des Klosters aus, was nicht immer auf Gegenliebe bei weltlichen Konkurrenten der Brauerei stieß. Bis heute ist die Brauerei eine eigenständige Genossenschaft, die 1924 vom damaligen Spiritual des Klosters mit 42 Genossen gegründet wurde. Produkte sind u. a. der Aegidiustrunk, verschiedene Exporte und Bockbiere sowie Märzen.

Roggenburger Klosterbier

Das Roggenburger Klosterbier im bayerisch-schwäbischen Landkreis

Neu-Ulm lassen die Prämonstratenser seit 2017 wieder brauen. Exklusiv produziert die Brauerei Schmid in Biberbach das Chorherrn Hell. Ausgeschenkt wird es im Klostergasthof. In 0,5-Liter-Flaschen oder im 5,0-Liter-Fass ist es im Klosterladen für daheim zu erwerben.

Bayerische Staatsbrauerei – Kloster Weihenstephan

Scheyern

Das Kloster Scheyern im oberbayerischen Landkreis Pfaffenhofen führt seine Brautradition bis ins Jahr 1119 zurück. Während die nach der Säkularisation weltlich gewordene Brauerei später wieder in die Hände des Konvents kam, wurde die Brauerei über viele Jahrzehnte an das Augsburger Hasenbräu verpachtet. Nachdem der Pachtvertrag ausgelaufen war und nach langen Verhandlungen und Überlegungen, entschlossen sich die Mönche 2006 die Brauerei wieder selbst zu führen. Ein angestellter Braumeister verantwortet nun die Herstellung des Bieres, das zuallererst für die lokalen Orte wie das Klosterbräustüberl hergestellt wird, aber auch in den Verkauf gelangt. Neben klassischen Biersorten und einigen Bieren, die unter Scheyrer Lizenz bei der Tucher Privatbrauerei aus Nürnberg hergestellt werden, bietet die Klosterbrauerei auch unterschiedliche neue Interpretationen von Bier und Craft-Biere.

St. Galler Klosterbräu

Das Sankt Galler Klosterbier (Foto S. 107) stammt von der Brauerei Schützengarten im schweizerischen Sankt Gallen. Natürlich steht diese Brauerei unter dem Eindruck des Sankt Galler Klosterplans und der darin verzeichneten Brauereien (siehe Geschichte der Klosterbiere). Tatsächlich kann die Brauerei auf eine Tradition seit dem Jahr 1779 zurückschauen;

eine direkte Verbindung mit dem ehemaligen Kloster von Sankt Gallen besteht allerdings nicht. Das Sankt Galler Klosterbier ist nur eine Sorte aus dem Portfolio der Brauerei.

St. Georgen-Bräu

So nennt sich eine Brauerei im fränkischen Buttenheim zwischen Forchheim und Erlangen. Der Familienbetrieb existiert seit 1624, lediglich der Name bezieht sich auf

Kloster Weltenburg am Donaudurchbruch

den Heiligen Georg. Eine Klostebrauerei ist diese also nicht. Die Auswahl ist groß. Es gibt etwa Kellerbier, Helles, Pils, Goldmärzen und Landbier.

Ursberger Klosterbier

In Bayerisch-Schwaben lassen die Schwestern der St.-Josef-Kongregation seit 2022 von der Lindenbrauerei, einem etwa 30 km entfernten Familienbetrieb in Mindelheim, brauen. Ursberger Märzen, Ursberger Dunkel und Ursberger Zwickelbier werden angeboten.

Weihenstephan

Die Brauerei Weihenstephan (Foto S. 109) im oberbayerischen Freising bezeichnet sich, wie bereits erwähnt, als die älteste Brauerei der Welt. Die ehemalige Klosterbrauerei ist heute bayerische Staatsbrauerei, ist also ein Regiebetrieb im Besitz des Freistaats Bayern, der aber nach privatwirtschaftlichen Grundsätzen geführt wird. Die Brauerei arbeitet eng mit der Technischen Universität München zusammen. Die Universität arbeitet der Brauerei als Labor zu, und für die Studierenden ist sie gleichzeitig ein Anschauungsbetrieb. Ihre Biersorten sind neben Hellem, Weizenbieren und Pils beispielsweise auch das Tradition Bayrisch Dunkel oder den Doppelbock Korbinian.

Weißenoher Klosterbrauerei

Das Kloster in Weißenohe im oberfränkischen Landkreis Forchheim fiel ebenfalls der Säkularisierung 1803 zum Opfer. Seine Brautradition hält aber seit 1827 ein Familienbetrieb aufrecht, der Braustätte und -recht erwarb. Hergestellt werden bspw. das Eucharius Pils oder das Weißenoher Glockenhell.

Weltenburger

Als älteste Klosterbrauerei der Welt wird, wie auch schon beschrieben, die Brauerei im Kloster Weltenburg an der Donau bezeichnet (Foto S. 111). Nachweisbar ist das Bierbrauen am Donaudurchbruch für das Jahr 1050. Im Sudhaus, das sich auf dem Gelände der Brauerei, direkt am Biergarten und gegenüber der Klosterschänke befindet, wird heute noch das unfiltrierte Weltenburger Barock Dunkel gebraut, weitere Biere in der Nähe des Klosters. Die Benediktiner legen Wert darauf, dass die verschiedenen Sorten, wie beispielsweise das Helle oder auch das alkoholfreie Helle, der Asam Bock oder das Weltenburger Kloster Anno 1050 in ihrer eigenen Brauerei hergestellt werden.

Zwettler

Die Privatbrauerei Zwettl in Österreich bringt neben Pils, Export und anderen Sorten ein Stiftsbier auf den Markt, das direkt an das Stift Zwettl erinnert. Ein helles goldgelbes untergäriges Schankbier. 1500 gründeten die Mönche des Zisterzienser-Klosters die erste Stiftsbrauerei. Diese ging 1890 in Privatbesitz über.

Zwiefalter Klosterbräu

Dieses Bier haben einst die Benediktiner im baden-württembergischen Landkreis Reutlingen gebraut. Die Brauerei auf der Schwäbischen Alb führt sich auf die Klosterbrauerei zurück, die seit 1521 belegt und seit 1897 im Besitz der Familie Baader ist. Sie stellt u. a. Spezial, Biobier und Weizen her.

EIN KURZER AUSBLICK

Wie gesagt – die Liste ließe sich fortsetzen, auch weil immer wieder Biersorten auftauchen, die den Namen „Klosterbier“, „Abteibier“, „Mönchstrunk“ oder etwas in der Richtung tragen. Und ich will ja weiter forschen. Für eine nächste Auflage dieses Buches sollen mehr Brauereien und ihre Biere hinzukommen. Und vielleicht kann ich ja bis dahin auch schon mit der Erfahrung einer Reise zu besonderen Klosterbrauereien aufwarten … Stay tuned, wie man heute so gerne schreibt.

Ein frisch Gezapftes

Biergenuss im Biergarten

BILDNACHWEIS

S. 6 © Stock.Adobe.com/Love the wind; S. 7, 28, 72, 74, 78-80, 82/83, 118/119 © Ludwig Waldmüller; S. 11 © stock.adobe.com/WoGi; S. 12/13 © argum/Klosterbrauerei Andechs; S. 33 © Commons.wikimedia.org/Gioimpy (CC-BY-SA-4.0); S. 34/35 © Sajith Panicker/Shutterstock; S. 36 © Zvonimir Atletic/Shutterstock; S. 43/55 © stock.adobe.com/by-studio; S. 44/45 © stock.adobe.com/karepa; S. 46 © stock.adobe.com/kitsananan Kuna (links), © stock.adobe.com/Alexander Raths (rechts); S. 49 © pixabay; S. 50/51, 56/57, 114 © Valentyn Volkov/Shutterstock; S. 61 © Africa Studio/Shutterstock; S. 62/63 © Stock.Adobe.com/barmalini; S. 65 © stock.adobe.com/Dimitry Lukyanov; S. 66 © Stock.Adobe.com/michalz86; S. 67 © stock.adobe.com/PhotoSG; S. 68/69 © Dwamdwamdwam/Shutterstock; S. 73 © pixabay; S. 81 © Love the wind/Shutterstock; S. 85 © stock.adobe.com/shorty25; S. 86 © stock.adobe.com/JFL Photography; S. 90 © stock.adobe.com/Animaflora PicsStock; S. 91 © stock.adobe.com/arnaudmartinez; S. 96 © stock.adobe.com/ARochau; S. 97 © stock.adobe.com/Klaus Nowottnik; S. 98 © stock.adobe.com/AnnaReinert; S. 100 © Commons.wikimedia.org/Jörg Blobelt (CC-BY-SA-4.0); S. 102 © stock.adobe.com/Dimtry Vavilon; S. 103 © stock.adobe.com/scimmery1; S. 107 © Matteo Cozzi/Shutterstock; S. 109 © stock.adobe.com/areo-pictures.de; S. 111 © stock.adobe.com/Sharidan; S. 115 © Stock.Adobe.com/Vladimir Golovanov; S. 116/117 © stock.adobe.com/Tesgro Tessieri; S. 122 Ludwig Waldmüller © Marion Dos Santos, S. 123 © stock.adobe.com/Václav Mach, S. 124/125 © stock.adobe.com/xbrchx

LITERATURVERZEICHNIS

111 Gründe, Bier zu lieben – Das Buch gegen den Durst, Marc Halupczok, Schwarzkopf & Schwarzkopf 2019

Das Buch der Biere: Über 400 Bier aus der ganzen Welt, Stuart Derrick/Mark Kelly, Parragon Books Ltd Bath 2014

Illustrierte Bier-Enzyklopädie, Berry Verhoef, Dörfler 2006

Bier – jenseits von Hopfen und Malz, Christian Rätsch, Orbis 2002

LUDWIG WALDMÜLLER, kam 1976 in Immenstadt im bayerischen Allgäu zur Welt. Er ist Theologe, TV- und Theater-Schauspieler, Sprecher, Journalist und Autor. 2007 wurde er zum Priester geweiht, danach war er Kaplan in Kempten. Von 2011 bis 2022 in Memmingen Pfarrer und Dekan. Zu Waldmüllers Leidenschaften zählen Musik, Theater und Reisen. Im St. Benno Verlag sind von ihm bereits einige Bücher erschienen wie etwa »Heilige Messe« oder »Das Leben vollenden«.

Biergarten